BRUNO GOMES

I0466878

CAPTAÇÃO
COMO FONTE
DE RENDA NO MERCADO IMOBILIÁRIO

LIVRO COMPLETO DO CURSO

Copyright © por Bruno Gomes

1ª Edição

CAPTAÇÃO
COMO FONTE
DE RENDA NO MERCADO IMOBILIÁRIO

1ª Edição

"Você pode até captar um imóvel e não vender. Mas nunca fará uma venda sem antes existir uma captação."

Bruno Gomes

Captação como fonte de renda, ou CFR como o chamamos, é mais do que um livro, ele é um programa que aborda a importância da captação de imóveis como base fundamental para que você tenha uma renda previsível no mercado imobiliário.

O ponto de partida para a carreira de um corretor de sucesso, é que a captação é o pilar fundamental para o sucesso nesse setor, pois sem ela não é possível realizar vendas.

Mas mais do que isso, a captação é a primeira forma de servir o próximo através da sua profissão como corretor de imóveis.

Entenda isso. Todo trabalho remunerado só existe se você conseguir resolver um problema que alguém esteja disposto a te pagar para que você o resolva.

E para que você possa vender ou alugar um imóvel, precisa existir alguém disposto a te contratar para que você resolva este problema para ele.

A captação é o pilar fundamental do trabalho de um corretor de imóveis

Com isso em mente, construímos uma estrutura voltada primeiramente a resolver os problemas do mercado imobiliário, que as pessoas não sabem resolver ou não tenham tempo de resolver.

Para que como consequência, você tenha o que oferecer a essas pessoas, e que elas estejam dispostas a pagar pelo seu serviço. Faz sentido?

Você precisa criar a consciência de como o mercado imobiliário é complexo, para que você consiga transferir essa certeza aos proprietários e consumidores, através do domínio da jornada de compra. Só aí, o cliente passará a te valorizar como alguém útil e necessário na vida dele.

Nesse livro, vou te mostrar os 4 motores do trabalho de um corretor de imóveis: Produto, Atendimento, Fechamento e Pós-venda. Cada motor é um setor que possui diversas funções que são essenciais para garantir o sucesso na área. Mas nesse livro, iremos focar apenas no primeiro motor, que é o Produto.

Porque?

O processo de captação envolve diversas etapas, como descobrir e prospectar imóveis, conhecer e criar relacionamento com os proprietários, mostrar como podemos ajudá-lo através do nosso serviço, firmar um acordo de serviço, preparar esses imóveis para oferta-los, anunciar, entre outras atividades.

Além disso, ressalto a importância de estabelecer a confiança com os proprietários para que estes confiem seu patrimônio nas suas mãos.

No geral, CFR - Captação como fonte de renda oferece insights valiosos sobre como realizar a captação de imóveis com excelência, e te mostra o caminho para alcançar o sucesso no mercado imobiliário.

O sucesso no mercado imobiliário é você cuidar, administrar e multiplicar o patrimônio das famílias.

Sumário:

CAPÍTULO 1

A captação de imóveis começa por você

1.1 A Importância da Captação de Imóveis nas imobiliárias

A captação de imóveis é o pilar fundamental do mercado imobiliário, sendo essencial para a sustentabilidade e crescimento das empresas do setor.

Através da captação eficiente de novos imóveis, as empresas conseguem expandir seu portfólio, aumentar suas vendas e garantir uma fonte constante de renda.

Além disso, a captação de imóveis bem-sucedida permite que as empresas ofereçam uma variedade maior de opções aos clientes, atendendo às diferentes necessidades e preferências do mercado. Isso não apenas aumenta a competitividade da empresa, mas também fortalece sua reputação e presença no setor imobiliário.

A captação aumenta a reputação da imobiliária

Uma estratégia eficaz de captação de imóveis envolve a identificação de oportunidades no mercado, o estabelecimento de parcerias com proprietários e corretores, a realização de avaliações precisas dos imóveis e a criação de um banco de dados abrangente para gerenciar todas as informações relevantes.

Por meio da captação inteligente e estratégica de imóveis, as empresas podem maximizar seu potencial de lucro, minimizar riscos e se destacar em um mercado altamente competitivo.

Investir em equipes especializadas em captação e em tecnologias inovadoras para facilitar esse processo é fundamental para o sucesso a longo prazo no mercado imobiliário.

E para o corretor, esse é o pilar fundamental do seu trabalho, pois não existe bom corretor que não seja um excelente captador.

Você pode até achar que seu trabalho é vender imóveis, mas na verdade é zelar pela segurança das famílias e proteger seu patrimônio.

1.2 Ter poder de escolha do que você quer fazer, ter e ser

O poder de escolha é um elemento fundamental para a realização pessoal e profissional.

Quando se tem a liberdade de decidir o que fazer, ter e ser, abre-se um leque de possibilidades que podem impactar significativamente a qualidade de vida e a satisfação individual.

Na busca por fontes de renda, ter o poder de escolha significa não estar limitado a uma única opção ou caminho predefinido. Isso permite explorar diferentes oportunidades, investir em áreas que despertam paixão e talento, e buscar um equilíbrio entre trabalho e vida pessoal que seja verdadeiramente satisfatório.

Além disso, o poder de escolha está intrinsecamente ligado à autonomia e ao empoderamento, dando ao corretor de imóveis mais auto confiança.

Quando se tem a capacidade de decidir sobre as próprias ações e direcionar o rumo da carreira ou dos negócios, cria-se uma sensação de controle e autorresponsabilidade que impulsiona o crescimento pessoal e profissional.

Para alcançar esse nível de liberdade na escolha do que fazer, ter e ser, é essencial desenvolver habilidades como autoconhecimento, planejamento estratégico, flexibilidade e servir ao próximo.

Compreender os próprios valores, interesses e objetivos é o primeiro passo para tomar decisões alinhadas com a própria essência e aspirações.

Em um contexto empresarial, oferecer aos colaboradores o poder de escolha em relação às suas atividades, horários ou projetos, pode aumentar a motivação, o engajamento e a produtividade.

Permitir que as pessoas exerçam sua autonomia no ambiente de trabalho promove um senso de pertencimento e valorização que contribui para um clima organizacional positivo.

Em resumo, ter poder de escolha do que você quer fazer, ter e ser não apenas amplia as oportunidades disponíveis no mercado como também fortalece a conexão com os próprios

propósitos e valores, resultando em uma fonte de renda mais significativa e gratificante.

1.3 A importância de cumprir um propósito para alcançar o sucesso

Cumprir um propósito é essencial para alcançar o sucesso em qualquer empreendimento, seja ele pessoal ou profissional. Ter um propósito claro e significativo orienta as ações, motiva a superação de desafios e proporciona uma sensação de realização que vai além do aspecto financeiro.

Quando se tem um propósito bem definido, as decisões tomadas ao longo do caminho são mais consistentes e alinhadas com os valores e objetivos individuais. Isso cria uma base sólida para enfrentar obstáculos e manter o foco mesmo diante das adversidades, pois cada passo dado está direcionado para a concretização da missão estabelecida.

Além disso, cumprir seu propósito traz uma sensação de plenitude e satisfação que vai além do mero ganho financeiro. Ao realizar atividades que estão alinhadas com aquilo que se considera importante e valioso, a jornada rumo ao sucesso se torna mais significativa e gratificante.

O propósito também impacta positivamente nas relações interpessoais e na forma como se é percebido pelo mundo ao redor. Pessoas que têm clareza sobre seu propósito transmitem confiança, inspiram outros indivíduos e constroem conexões mais profundas baseadas em valores compartilhados.

Em resumo, cumprir um propósito é fundamental para alcançar o sucesso não apenas no âmbito financeiro, mas também no emocional, social e espiritual. Ter uma razão maior que motive as ações diárias faz toda a diferença na construção de uma fonte de renda duradoura e satisfatória.

Então vamos entender as nuances do mercado imobiliário para que possamos servir e sermos servidos.

CAPÍTULO 2

Os 4 motores do mercado imobiliário

OS 4 MOTORES DO MERCADO IMOBILIÁRIO

Antes de sair tentando fazer uma venda, é importante entender como uma venda acontece e quais os passos envolvidos.

Para que a jornada de compra no mercado imobiliário aconteça, o corretor de imóveis precisa funcionar como uma empresa. Mas quero chamar sua atenção, que essa empresa precisa de 4 setores, que são os motores que impulsionam nosso negócio.

1- SETOR DE PRODUTO
2- SETOR ATENDIMENTO
3- SETOR FECHAMENTO
4- SETOR PÓS VENDA

Cada setor tem importância fundamental para que os outros funcionem bem. Mas o setor de produtos, além de ser o primeiro, onde tudo começa, nenhum outro setor faz sentido se ele não rodar.

Por isso, o foco desse livro será exclusivamente o setor de produtos. Mas quero te mostrar o tamanho da jornada de compra no mercado imobiliário para ampliar sua consciência da complexidade que é fazer uma simples venda ou locação.

Não para te desanimar, e sim para te convencer do poder e autoridade que um corretor de imóveis precisa ter, para ser considerado um guardião de lares na vida de uma família, a ponto de ser insubstituível quando eles precisarem comprar, vender ou alugar imóveis.

E posso te garantir que você não chegará muito longe pela força do seu braço. Você precisa da direção de Deus para entender que cada pessoa é um ser único que você precisa servir, e que você depende de outras pessoas te ajudando para que seu trabalho flua e você possa cumprir a missão que é entregar segurança nas negociações.

Então vamos voltar para a estrutura necessária para cumprir a jornada de compra dentro do mercado imobiliário.

CADA SETOR TEM VÁRIAS FUNÇÕES

PRODUTO - ATENDIMENTO - FECHAMENTO - PÓS VENDA

CAPTAR	ATENDER LEADS	NEGOCIAR	PÓS VENDA
PREPARAR IMÓVEL	AGENDAR VISITAS	VERIFICAR DOCS	SUPORTE
ANUNCIAR	PROSPECTAR	FAZER CONTRATOS	INDICAÇÃO

Cada uma dessas funções, necessita de uma pessoa para executar as atividades que cada função exige, que são muitas aliás.

Em qualquer setor da economia essa ordem funciona muito bem. Mas no mercado imobiliário que é o setor que movimenta o PIB de um país, não funciona desse jeito.

O corretor de imóveis foi ensinado a fazer todas as etapas da jornada sozinho.

Chega ser um insulto ouvir pessoas dizendo que o profissional que cuida do patrimônio das pessoas, não tem qualificação e que só queremos tomar dinheiro das pessoas por anunciar imóveis e mostrar suas casas. Isso não é verdade.

Mas o que essas mesmas pessoas veem quando um corretor de imóveis entra na sua frente?

Pseudos profissionais que não fazem idéia do real papel que representam, se colocando na posição de técnico em negociações imobiliárias, prospecção, captador, documentalista, marketing, assistente administrativo, programador, atendente, guia de visitas, negociador, psicólogo, advogado, gestor, contador, financeiro, e muitas outras...

E o pior. Fazendo tudo isso meia boca. Deixando a desejar em várias etapas do processo, por simples desconhecimento ou falta de comprometimento com o patrimônio das pessoas.

E as novas gerações de corretores que chegam, acabam aceitando tudo isso, e tentam desesperadamente corresponder às expectativas de um mercado cada vez mais exigente, mas que poucos conseguem atender.

E corretores sem conhecimento criam imobiliárias que replicam essa falta de entendimento, buscando apenas benefício próprio, ao invés de servir o mercado e dar apoio aos corretores.

O que acontece é que quem deveria dar as mãos e trabalhar como parceiros para servir com excelência um mercado tão pujante como o mercado imobiliário, acabam se dividindo e deixando a desejar por conta de ego.

Os corretores dizem que não precisam de imobiliária, e imobiliárias dizem que os corretores são maus. Quem tem razão?

No final, quem tem razão é sempre o mercado que não vê valor nos profissionais e nas empresas que deveriam ser a salvação da vida deles, e acabam inventando novas formas de resolver os problemas do mercado com aplicativos que dispensam o corretor de imóveis e acabam com o modelo tradicional de imobiliária.

Veja a seguir, porque corretor não funciona sem imobiliária e imobiliária não funciona sem corretor de imóveis.

24

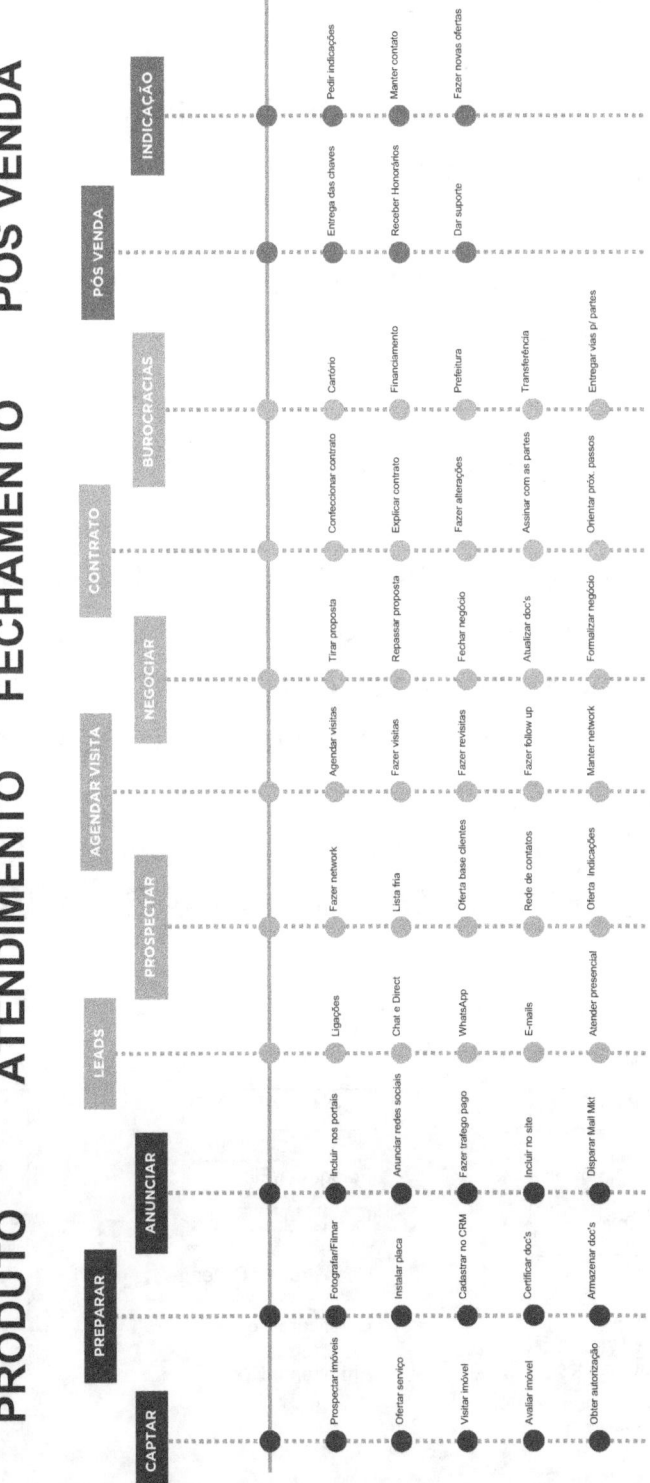

São 51 atividades essenciais que um corretor de imóveis precisa realizar desde a capação de um imóvel, até o fechamento do ciclo que termina com o pedido de indicação.

Mas vamos nos ater aqui, ao setor de produtos, que é o foco desse livro.

SETOR DE PRODUTO

No setor de produto, existem 3 funções chave para que a captação aconteça com excelência.
O correto seria o corretor ficar com a primeira função, pois ele ainda exercerá outras funções ao longo da jornada de compra.

CADA FUNÇÃO FAZ VÁRIAS ATIVIDADES

Corretor	Gestor de P.	Mkt
CAPTAR	**PREPARAR**	**ANUNCIAR**
Prospectar imóveis	Fotografar/Filmar	Incluir nos portais
Ofertar serviço	Instalar placa	Anunciar redes sociais
Visitar imóvel	Cadastrar no Sistema	Fazer trafego pago
Avaliar imóvel	Certificar Doc's	Incluir no site
Obter autorização	Armazenar Doc's	Disparar Mail Mkt

Como vimos, o processo de captação passa por 3 fases. E se você quer fazer da captação uma fonte de renda, e não um serviço que dependa única e exclusivamente de você, o ideal é que você tenha uma estrutura à sua disposição.

Se você é só, considere buscar uma imobiliária que ofereça essa estrutura, ou busque formar um time de backoffice para você.

Como um corretor solo, quais as vantagens e desvantagens você tem?

No meu ponto de vista, o único benefício de um corretor autônomo está em receber 100% do valor da comissão gerada por uma venda.

Em contrapartida, vimos que o trabalho que se espera de um corretor de imóveis hoje passa por 4 setores, que necessitam de 11 funções para realizar 51 atividades.

Tarefa: Mapeie todas as atividades necessárias para realizar seu papel com maestria. Depois responda a essas perguntas:

Como eu faço para captar imóveis, quando estou atendendo os Leads dos anúncios que faço?

Se eu estiver conversando com um proprietário e alguém me chamar por um anúncio, eu vou atender na frente do proprietário?

Se eu não atender esse Lead na hora que ele chamar, ele pode ligar para o próximo anúncio e não me responder mais, e eu já investi para trazer esse Lead. O que eu faço nesse caso?

Como eu foco no ciclo de captação e fechamento de negócios, se eu estiver preso com as burocracias de vendas anteriores, indo a cartório, banco, prefeitura, etc?

E se eu ficar fazendo tudo isso sozinho, qual o meu limite de crescimento nesse mercado?

Se você não for um acomodado, essas perguntas lhe tirarão o sono pelos próximos dias.
Mas encontrar as respostas delas, lhe permitirá ser livre e investir seu tempo no que realmente importa.

CAPÍTULO 3

Funções e atividades do corretor de imóveis

FUNÇÕES E ATIVIDADES DO CORRETOR DE IMÓVEIS

Nos meus 21 anos de mercado imobiliário, eu passei por todas as formas de trabalho e fiz todas as funções. Inclusive todas elas sozinho, e descobri que é humanamente impossível fazer tanta coisa ao mesmo tempo com qualidade.

Comecei minha jornada dentro de uma imobiliária do Interior de São Paulo aos 17 anos, depois trabalhei em uma imobiliária grande na Capital de Rondônia, onde gerenciei lançamentos da Odebrecht, Elenco e Gafisa.

Dentro dessa mesma imobiliária, migrei para trabalhar como corretor de imóveis prontos, E um ano depois saí para ser corretor autônomo.

Com 3 meses trabalhando sozinho, abri um escritório e fiquei quase um ano fazendo tudo só. Mas entendi que isso me limitava e a 12 anos tenho imobiliária.

Nesses últimos anos tenho visto uma crescente de corretores trabalhando como autônomos, e sempre pergunto porque eles preferem trabalhar sozinhos.

O que eu ouço é uma série de desculpas pra esconder a dor que tiveram com imobiliárias no passado, que não davam estrutura, mantinham relação de subordinação com o corretor, e não davam sequer uma ajuda de custo.

E a reflexão que eu faço é a seguinte: Por acaso não é essa a mesma dor que os proprietários de imóveis tem com os corretores?

Muitos já tiveram prejuízos ou simplesmente não enxergaram valor no serviço prestado pelo profissional que deveria cuidar do seu patrimônio.

Isso não quer dizer que todos os corretores sejam ruins. Existe você que está lendo esse livro, e decidiu não parar de se aprimorar para entregar um serviço cada vez melhor. O mesmo acontece com as imobiliárias. Muitas podem não dar o mínimo necessário para que a parceria prospere.

Mas existem imobiliárias que entendem o seu papel na sociedade e para com o corretor de imóveis.

E são essas a que me refiro, que corretores com princípios, honestos, dedicados em servir, irão se juntar para juntos resolver uma dor do mercado, potencializando cada um o trabalho do outro, para juntos serem muito bem remunerados.

A seguir, vou mostrar uma estrutura ideal de imobiliária, onde o corretor é a estrela do time, e pode contar com uma empresa que potencialize seus esforços.

E caso você decida abrir uma imobiliária, que você seja para o corretor de imóveis, tudo aquilo que você desejava que uma imobiliária fosse pra você.

Lembre-se. Não existe imobiliária sem corretor de imóveis, e não existe um excelente profissional que não tenham por traz uma empresa para suportar todas as atividades necessárias para que negócios sejam concretizados com excelência.

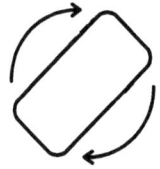

IMOBILIÁRIA

CORRETORES DE IMÓVEIS

+ CAPTAÇÕES
+ CLIENTES
+ NEGÓCIOS
+ DINHEIRO
+ LIBERDADE

FOTÓGRAFO

GUIA

PRÉ VENDAS

GESTÃO DE PRODUTOS

DOCS

FINANCEIRO

JURÍDICO

SUPORTE

COLABORADORES IMOBILIÁRIA

34

De tudo que vi pelo Brasil a fora, essa estrutura é a que melhor se adapta aos dias de hoje.

Onde o corretor tem a sua disposição, ferramentas, tecnologia, pessoas e facilidade de acesso.

Onde o corretor possa focar nas atividades chave e deixar com a imobiliária todo o resto, que são se suma importância mas não trazem dinheiro para o bolso.

Ao invés de ficar criando confusão e dividindo, corretor e imobiliária tem muito mais a ganhar, se caminharem como parceiros e não como inimigos.

Mas o intuito desse material não é te convencer de nada. É apenas mostrar o que funciona e te dar a liberdade para escolher como você quer atuar nesse mercado.

Até aqui, construímos o cenário ideal para que você possa fazer das captações, uma fonte de renda altamente lucrativa.

CAPÍTULO 4
O papel do captador de imóveis

O PAPEL DO CAPTADOR DE IMÓVEIS

Para que o trabalho de um corretor de imóveis seja executado com excelência, a entrada de produtos deve acontecer com Maestria.

Antes de vender, você precisa conhecer o produto, e no mercado imobiliário como você vende bens de terceiro, você também precisa saber os detalhes do porque o proprietário deseja vender ou alugar seu imóvel.

Assim você pode entregar o melhor que você tem para resolver a necessidade desse proprietário.

Mas ninguém vai sair contando seus desejos e desafios para quem não confia, estou certo?

Para isso o captador deve abrir um cadeado chamado "confiança" na cabeça do proprietário para que ele confie seu patrimônio em suas mãos.

Esse cadeado só abre se você virar as 3 chaves da confiança.

A mente humana é como um cofre. Ela tem mais de um sistema de segurança, porque se um falhar, existem outros que a protegem.

Identificamos 3 chaves na mente humana que se conversam. Se você virar a primeira chave, ele vai checar com as outras 2 e ver se a primeira foi virada com legitimidade ou se foi fraudada.

Existem inúmeras técnicas de manipulação para que você consiga gerar gatilhos para conseguir um sim do seu cliente. Mas logo a mente dele vai checar no sistema de segurança dela e descobre que você foi desleal e te bloqueia para novas investidas.

Você entra para a lista negra da confiança do seu cliente e nunca mais vai conseguir um sim novamente. Anota quais são as 3 chaves que você precisa virar na mente do cliente.

1ª Chave - Confiança em você

2ª Chave - Confiança no seu serviço

3ª Chave - Confiança na empresa que você representa.

Adoraria te dizer que é só apertar um botão e abrir os cadeados, mas não é assim que funciona.

Tudo o que é duradouro leva tempo.

Mas você pode criar micro momentos de confiança que serão checadas pela mente do cliente a todo momento. E se você for legítimo, a confiança global vai crescendo.

E a forma com que a mente do cliente checa a confiança é consultando os outros 2 sistemas de segurança sempre que uma chave é virada. Você tem uma atitude que gera confiança em você, ele checa olhando pra empresa e pro seu serviço, procurando coerência em suas ações.

Agora, vou te explicar porque não adianta o cliente ter confiança apenas em um dos 3 se você quiser ter resultados consistentes a longo prazo.

40

Vamos dizer que o proprietário está conhecendo você. Ele sente confiança na sua postura, mas existe uma dúvida na cabeça dele:

O sistema de segurança é ativado ele começa a fazer perguntas sobre o serviço ou sobre a empresa. O diálogo interno é mais ou menos assim:

Caso aconteça algum problema, onde eu encontro esse corretor? Será que ele não vai sumir como muitos somem? E caso ele suma, quem eu responsabilizo pelo meu prejuízo?

Você até pode conquistar a confiança desse proprietário, mas vai levar muito mais tempo, e sempre vai existir essa dúvida lá no fundo.
Se ele é tão bom porque não abriu sua empresa até hoje?

Você pode até não concordar, mas é exatamente assim que funciona.

Caso aconteça algum problema, onde eu encontro esse corretor?

Agora veja um outro exemplo. Vamos usar como exemplo um reconhecido vendedor de carros.

Pode ser que ele seja um vendedor experiente e muito honesto, que pelo fato dele trabalhar no segmento a muitos anos, muitas pessoas confiem de olhos fechados na palavra dele.

Mas vamos supor que ele vai trabalhar em uma concessionária que tem problema de suporte, não cumpre prazos de entrega, e por aí vai. E a cidade inteira conhece a fama dessa concessionária.

Por mais que o cliente confie nesse vendedor, ele não faz negócios com o vendedor por conta da empresa.

E ainda tem aquele profissional que é bom no que faz, que é cativante, mas que você não pode dar bobeira com ele, que ele te passa a perna.

Então o papel do captador é fundamental para desbloquear o cadeado da confiança que existe na mente do proprietário.

Para abrir o cadeado, cada chave deve entrar todos os dentes e percorrer 10 trancas, e só quando entra o 10º dente, essa chave vira, e o cadeado se abre.

Cada tranca é o nível de confiança que ele tem em você, no seu serviço ou na empresa.
0 significa que o cliente não confia nem um pouco a ponto de fugir de você.

5 significa que o cliente não criou nenhuma expectativa em você. Nesse nível, você só vai fazer negócios com quem realmente quer o serviço que você oferece e tanto faz a qualidade.

10 significa que o cliente confia totalmente, e esse é o seu objetivo como captador.

Ao longo do livro vou mostrar como você abre esse cadeado e passe a ser um captador acima da média.

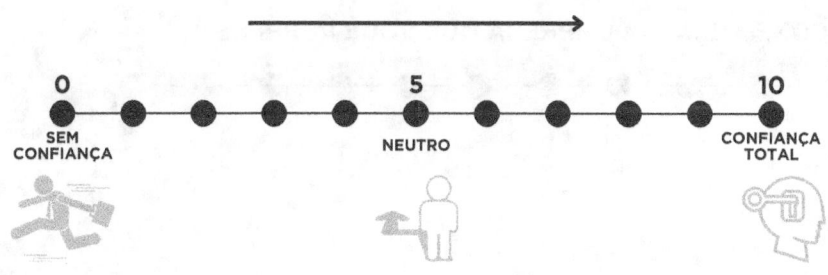

0
SEM CONFIANÇA

5
NEUTRO

10
CONFIANÇA TOTAL

O que você deve entender é que a chave não pula da primeira tranca para a 10ª tranca sem passar por todas as outras no meio do caminho.

Isso significa que você terá que ter paciência e ir aumentando a percepção de confiança de forma gradativa até que em determinado momento, esse proprietário vira a chave e te entrega por confiança o seu maior bem material, que é o seu imóvel.

CADA CHAVE SÓ VIRA QUANDO
VOCÊ ENCONTRA O SEGREDO

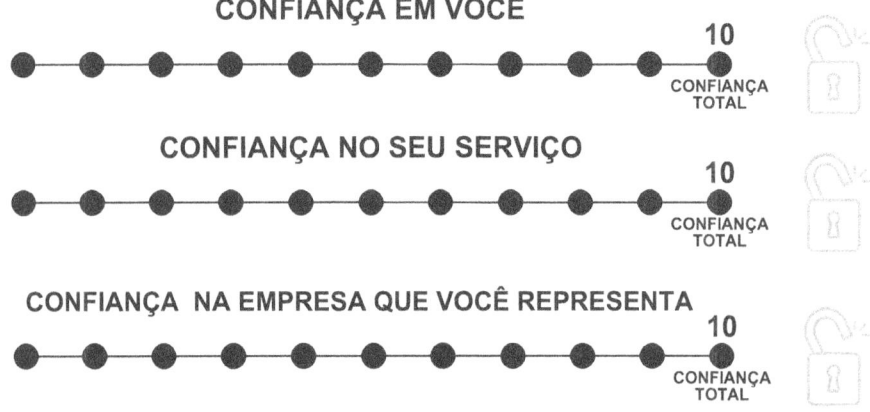

CONFIANÇA EM VOCÊ
10
CONFIANÇA TOTAL

CONFIANÇA NO SEU SERVIÇO
10
CONFIANÇA TOTAL

CONFIANÇA NA EMPRESA QUE VOCÊ REPRESENTA
10
CONFIANÇA TOTAL

CAPÍTULO 5

Passo a passo da captação de imóveis

PASSO A PASSO DA CAPTAÇÃO DE IMÓVEIS

O processo de captação de imóveis na metodologia CFR tem passos bem definidos que foram validados e tiveram resultado comprovado nos últimos 10 anos em minha empresa e por minhas captações pessoais.

Ela consiste em 6 passos simples, mas poderosos, que se aplicados na sequência proposta, você se tornará uma máquina de captar imóveis.

O seu papel como Captador é conduzir o proprietário de forma assertiva por cada etapa do plano de aquisição de produtos, até chegar ao objetivo final que é a assinatura da autorização ou contrato de exclusividade com o proprietário.

Para isso, você precisa entender como funciona a mente humana, e o que motiva as tomadas de decisão de um proprietário.

O papel do captador de imóveis é conduzir o proprietário pela jornada de aquisição de produtos mostrando sempre o próximo passo.

E você só vai atingir seu objetivo, se conseguir transmitir a informação correta aos sentidos não verbais, pois a fala representa apenas 10% da comunicação.

Antes de entrarmos no passo a passo da metodologia, vamos expandir sua consciência para que você utilize a metodologia com todo o seu potencial.

O PODER DA PRIMEIRA IMPRESSÃO

Quando entramos em contato com uma pessoa por telefone pela primeira vez, temos apenas 4 segundos para criar uma primeira impressão.

Se o contato for pessoalmente, temos 1/4 de segundo.

Você não vai conseguir convencer ninguém a confiar em você falando sobre si mesmo em **4 SEGUNDOS**.

Isso porque a sua linguagem verbal representa apenas 10% de toda a comunicação.

Os outros 90% vem do tom de voz e da linguagem corporal. Sua roupa, seu corte de cabelo, seu aperto de mão. Tudo influencia na forma como a outra pessoa te vê.

Sim, você será julgado pela sua aparência, pela sua postura e pelo que sai da sua boca.

É feio julgar em voz alta, mas não seja ingênuo ao ponto de pensar que as pessoas não julgam o tempo todo.

Julgar, é um mecanismo de defesa e você também faz, pois somos criaturas baseadas no medo.

Estamos constantemente avaliando nosso ambiente a procura de possíveis ameaças.

Isso vem desde a época das cavernas onde tínhamos pouco tempo para decidir ficar ou correr quando uma situação de risco se apresentava.

E até decidimos se uma situação é ou não um risco real, a mente interpreta tudo como um possível risco.

Ao encontramos a pessoa pela primeira vez pessoalmente, sua aparência e postura irão gerar uma primeira impressão e ela fará o primeiro julgamento respondendo a uma pergunta em até 1/4 de segundo.

SERÁ QUE DEVO dar ouvidos a essa pessoa?

Mas se o primeiro contato acontecer através de ligação, você tem que se esforçar mais, pois o **TOM DE VOZ** é a única informação que o interlocutor terá a seu respeito para te julgar.

E usar uma linguagem corporal adequada do lado de cá, melhorará seu tom de voz e transmitirá mais **CONFIANÇA**.

Mas o verdadeiro poder da influência está em dominar os dois níveis do diálogo.

O diálogo acontece em **2 NÍVEIS:**
O primeiro nível é composto pela linguagem falada. Uma pessoa fala e a outra responde.

Porém, existe um outro nível de diálogo acontecendo ao mesmo tempo, e que determina como a outra pessoa reagirá. É o **DIÁLOGO INTERNO.**

Quando você fala, dependendo do seu tom de voz, velocidade, entonação, e palavras que usa, a outra pessoa faz um diálogo interno mais ou menos assim.

Será que ele quis dizer tal coisa? O tom de voz dele parece aborrecido. Acho que ele pode estar bravo comigo. (igual quando a mãe te chama pelo nome completo solicitando sua presença)

Portanto, domine o diálogo interno que acontece na cabeça do cliente e você estará no **CONTROLE DA CONVERSA**, conduzindo-o suavemente pelas etapas da captação, até ele ter a certeza de que você é a única opção para ele, e assinar da autorização.

Por falar em certeza, existem dois tipos de certeza. A certeza Logia e a certeza emocional. E elas são totalmente diferentes.

50

CERTEZA LÓGICA

A certeza logia diz respeito básicamente às palavras que você diz.

Seu discurso faz sentido para o cliente? Há coerência na história que você conta e quando ele ligar os pontos do início ao fim, não vai encontrar buracos na sua história?

Consequentemente ele fica confiante em contar sua história a outra pessoa sem parecer bobo Por ter acreditado em você?

CERTEZA EMOCIONAL

Ja a certeza emocional se baseia em um instinto de que algo deve ser *bom*.

A certeza emocional tem haver com pintar para o cliente um *quadro do futuro* em que ele já comprou o serviço e sente-se bem utilizando dos benefícios que você trouxe a ele.

Essa técnica se chama **caminhar pelo futuro**, e ela funciona como uma estrutura para conduzir alguém emocionalmente.

51

Quando você caminha pelo futuro com alguém, você está exibindo um filme do pós-compra da melhor forma possível.

Permitindo que a pessoa desfrute dos impressionantes benefícios do seu serviço imediatamente, juntos com as emoções positivas que eles geram.

As pessoas não te compram com base na lógica. Compram com a emoção e depois justificam com a lógica a sua decisão.

Mas se você não for verdadeiro ao utilizar as técnicas, e usar de mentiras somente para conseguir um sim, ou usar as informações que esse cliente te confidenciou para fechar negócio, mais cedo ou mais tarde você será desmascarado e entrará para a lista negra na mente do seu cliente.

O inverso também é verdadeiro.

Caminhar pelo futuro é trazer a sensação do benefício a tempo presente

Quando você é verdadeiro e bem intencionado, e sabe juntar as informações fornecidas para resolver primeiramente o problema dele, você se torna um instrumento de justiça na vida desse proprietário e seu ganho vem como consequência.

Você entra para a lista de salvadores desse proprietário, e ele fará negócio com você pelo resto da vida e ainda te indicará.

Nos próximos capítulos entraremos nos passos da metodologia CFR, que são:

1º Encontrar imóvel
2º Desbloquear o proprietário
3º Construir desconforto
4º Ofertar Ajuda
5º Visitar o imóvel
6º Assinar autorização

Esses passos são um mapa para te colocar na posição mais cara dentro do mercado imobiliário.

O captador é o dono da bola. Quem traz produto é convidado para as melhores mesas do ecossistema

CAPÍTULO 6

Encontrar imóvel

ENCONTRAR IMÓVEL

O primeiro passo do processo de captação pode ser óbvio para alguns, mas como o intuito desse material é ser o mais didático possível para todos, vamos mostrar as formas de encontrar imóveis potenciais para venda ou locação para fazer captação.

Existem várias formas de encontrar imóveis para captar.

1ª A primeira delas, é PEDIR INDICAÇÕES para sua rede de relacionamentos.

2ª ENCONTRAR ANÚNCIOS de proprietários em portais, classificados e placas.

3ª FAZER ANÚNCIOS para proprietários mostrando seu diferencial. (Tenha diferencial 👤)

4ª DESCOBRIR IMÓVEIS que estejam desocupados ou terrenos e conseguir o contato do proprietário. Os vizinhos são os primeiros para quem vamos perguntar.

Se você estiver realmente disposto a fazer uma outra fonte de renda além da sua comissão devida por suas vendas, você nunca mais andará na rua do mesmo jeito, nem rolará feed de rede social sem propósito. Você ficará atento à placas de vende-se ou aluga-se, aos anúncios em portais, etc...

Eu adoro quando um colaborador CLT das minhas empresas, depois de **RECEBER UMA BONIFICAÇÃO** por indicar anúncios ou placas de proprietários, ou indicar alguém da sua rede de contatos pessoal que esteja vendendo imóvel, falando que **NUNCA MAIS ANDOU NA RUA DA MESMA FORMA**.

Agora eles saem pra ir no shopping e as placas saltam nos olhos deles durante o percurso.

Após a coleta de informações, devemos tratar e organizar os dados, antes de entrar em contato com os proprietários.

E ao seguir os passos da metodologia CFR, você estará preparado para se tornar um mestre da captação de imóveis.

1º PEDIR INDICAÇÕES

Pedir indicações para sua rede de contatos é muito simples, mas tem um detalhe.

Você não pode ser o chato que quando chega todo mundo foge porque acha que você quer oferecer ou pedir algo. Igual o pessoal que convidava todo mundo para reuniões de oportunidade de marketing de rede. Lembra?

Ao entrar no mercado imobiliário, você deve fazer uma lista com todo mundo que você conhece que pode ter imóvel, ou pode conhecer alguém que tenha.

Dica: Se você conhece um frentista, ele trabalha pra alguém que provavelmente tem imóvel.

Não ligue para as pessoas simplesmente para pedir indicações. Provoque contatos ou faça uma visita para ver como as pessoas estão. Isso já vai fortalecer sua rede de contatos.

Em determinado momento, comente que está no mercado imobiliário e diga o seguinte:

Fulano. Por falar nisso, se você precisar ou conhece. alguém que precise comprar, vender ou alugar um imóvel, lembra de me indicar.

Repetir isso com algumas pessoas já fará com que você consiga as primeiras indicações.

Mas vamos supor que você é como eu quando entrei no mercado imobiliário aos 17 anos, que só conhecia menino e gente atoa.

Você terá que partir para a segunda forma de encontrar imóveis para captar.

2º ENCONTRAR ANÚNCIOS OU PLACAS

Essa estratégia é mão na massa.

Mas para ela funcionar, depende de quantidade, por uma questão óbvia. Ao falar com proprietários que estão anunciando sozinhos, você vai encontrar mais hostilidade, primeiro porque muitos tiveram experiências ruins com corretores no passado, e segundo porque muitos corretores estão captando da mesma forma, ligando para esses proprietários.

Isso faz com que você tenha que ligar para mais pessoas até conseguir um sim. Mas funciona e se você é novo na cidade, pode ser a melhor estratégia para começar.

Eu fiz isso quando me mudei de Marília-SP para Porto Velho-RO.

Inclusive eu usava um híbrido da estratégia 1 e 2.

Eu visitava os comerciantes e me apresentava como corretor de imóveis, e deixava um cartão dizendo que se ele precisasse comprar, vender ou alugar um imóvel, era só me chamar que eu iria até ele.

Essa estratégia, além de trazer captações, clientes interessados e indicações, também faz aumentar sua rede de contatos em uma região nova.

Mas você vai precisar de constância e sensibilidade, para visitar aqueles comerciantes mais abertos de tempos em tempos. Evitar ir demais naqueles que são mais fechados.

Vale a penas treinar. Vai aguçar sua percepção.

3º ANUNCIAR PARA PROPRIETÁRIOS

Se você tem como investir, nem que seja pouco em trafego, ads, patrocinados, ou banners em portais, essa estratégia vale a penas por dois motivos.

Primeiro porque você está buscando de forma passiva pessoas que tenham a necessidade dos seus serviços e com isso você abre espaço na agenda para utilizar outras estratégias e potencializar seu resultado.

E segundo porque você gera branding. Reconhecimento de marca ou caso você seja autônomo, familiaridade com sua imagem.

Com o tempo as pessoas vão começar a se lembrar de você por conta dos seus anúncios.

Essa é uma estratégia de médio longo prazo que de preferência deve ser feita por longos períodos, mudando de tempos em tempos os criativos, intercalando com vídeos, e você pode começar a se posicionar nas redes sociais como uma autoridade no assunto, produzindo conteúdos e interagindo com as pessoas, tirando dúvida, etc...

4º DESCOBRIR IMÓVEIS VAGOS

Se você quer se destacar como captador de imóveis e ir para outro nível, essa é a estratégia de ouro.

Porque aqui estão as melhores captações. Aquelas que ainda não estão disponíveis no mercado com outros corretores.

Ela consiste em você andar pelas ruas olhando terrenos vagos e casas que estejam desocupadas.

você vai chamar os vizinhos de um lado, do outro, da frente, da esquina, e perguntar se eles tem o contato do dono desse imóvel.

Ao falar com o dono, utilize a estratégia da familiaridade com a pessoa que passou o contato.

Diga. Oi [nome do proprietário], aqui é o Bruno, corretor de imóveis, quem me passou seu contato foi seu Visinho "João". Eu estava perguntando de imóveis desocupados na rua x e ele me falou do seu.

Você já pensou em....

E você faz seu trabalho, mostrando que ele poderia vender ou alugar aquele imóvel, porque imóvel parado dá prejuízo, e se coloca a disposição.

PREPARANDO A CAPTAÇÃO FRIA

No próximo capítulo vou te ensinar a desbloquear os proprietários para a estratégia de captação através de anúncios e placas de proprietários, para que pelo menos eles ouçam o que você tem a dizer.

Obvio que não é uma estratégia mágica e nem todos irão te ouvir. Mas com técnica e um processo definido, a sua conversão no mínimo irá triplicar.

O desbloqueio serve para proprietários que estão anunciando sozinhos e não querem falar com corretor por conta de experiências ruins no passado.

Essa é uma estratégia que depende de quantidade, então crie uma rotina de rodar pela cidade e navegar pelos anúncios em portais, marketplace, etc. para coletar muitos contatos e informações.

A Lei dos números é sua maior
aliada nessa estratégia

Se você já está no nível onde os clientes vem até você com imóveis para anunciar, está posicionado como referência em seu mercado, ok. Essa estratégia não é para você.

Mas se você não tem posicionamento digital, está chegando em uma cidade nova, não tem uma rede de contatos, nem dinheiro para ir a eventos, par comprar acesso e se conectar com as pessoas, você não está perdido.

Essa estratégia é mais trabalhosa, tem taxa de conversão menor, mas tem ouro aqui. Eu comecei minha jornada com ela. E se você se empenhar, você consegue se tornar referência em menos de um ano, sendo consistente.

O que você vai precisar é de disposição, baixo ego, estudo e muita repetição.

Deixe seu ego de fora e você colherá muitos frutos com essa estratégia

CAPÍTULO 7

Desbloquear o proprietário

DESBLOQUEAR O PROPRIETÁRIO

Depois de fazer a coleta de informações, tratar e organizar os dados, você deve e se preparar, antes de entrar em contato com os proprietários

O objetivo inicial desse primeiro contato é você conseguir se conectar com o proprietário.

E você não conseguirá isso falando sobre o que você quer. Ao invés disso, **FALE SOBRE ALGO QUE INTERESSA A ELE**.

A pergunta é:

O QUE O PROPRIETÁRIO DESEJA AO ATENDER O TELEFONE?

O que o proprietário quer ao atender o telefone é que alguém esteja interessado no imóvel dele.

Essa é uma regra de ouro da captação. Demonstre interesse, gere conexão, construa desconforto, entenda a real necessidade, mostre a solução.

CONSTRUIR O CENÁRIO PARA VOCÊ ENTRAR

Imagine a situação. Você faz um anúncio da sua empresa, ou do seu serviço, porque você está precisando vender desesperadamente.

Logo o telefone toca. Você fica animado. E quando você atende, a pessoa do outro lado diz: Oi estou ligando porque eu sou atleta e gostaria de te pedir um patrocínio.

Você é cordial, mas explica que no momento você não pode ajudar.

Depois de meia hora, o telefone toca novamente. Você atende, e do outro lado da linha tem outro atleta pedindo patrocínio para o mesmo campeonato.

Mais tarde você recebe outra ligação. Adivinha! Outro atleta.

O que você sente quando o telefone toca novamente?

Será que você ainda será tão paciente como na primeira ligação que você recebeu?

É exatamente isso que os proprietários que decidem anunciar por conta própria passam, pois a maioria das ligações que ele recebe são de corretores tentando captar seu imóvel.

Com um agravante. Muitos desses proprietários já tiveram experiências péssimas com corretores e imobiliárias.

Então, quando você liga para captar o imóvel, o proprietário não está esperando o seu contato.

Agora preste atenção no que vou te dizer.

Lembra da regra da primeira impressão? Não precisa voltar para procurar. Vou repetir porque isso é muito importante.

Quando você entra em contato com uma pessoa pela primeira vez, você tem apenas 4 segundos até que ela faça um julgamento sobre você.

Cabe a você usar seus primeiros 4 segundos para fazer com que ele queira continuar conversando com você. Usando uma postura aberta e um tom de voz confiante, você fala o que o cliente quer ouvir.

Falando o que o cliente quer ouvir:

Ao ligar e a pessoa atender, diga:

- **Oi. Eu peguei seu telefone no (anúncio, na placa, etc...) sobre uma casa para alugar e tenho interesse em conversar a respeito.**

O que eu fiz nesse primeiro trecho de ligação?

Usei os primeiros 4 segundos para construir uma mensagem na cabeça deste proprietário de que eu estou falando algo que ele quer ouvir, que é ter alguém interessado no imóvel dele.

Com isso eu ganho mais tempo para continuar falando com ele.

Quebrar bloqueio / Gerar curiosidade

Ele provavelmente vai responder algo como: Sim, pode dizer.

E você continua: **Com quem eu falo por gentileza?**

Depois dele dizer o nome dele, você vai para a próxima fase.

- **Nome_Cliente, Se eu quiser alugar sua casa, o que você pede de documentação e como você faz para averiguar se tenho como pagar seu aluguel em dia e ainda manter o estado de conservação do seu imóvel?**

Essa fase é muito importante. Você utiliza o nome porque esse é o som mais familiar que ele conhece. E chamar as pessoas pelo nome gera raport.

Depois você diz algo que gera dúvida e curiosidade ao mesmo tempo. Quanto mais ele pensa, mais dúvida surge.

No próximo capítulo continuaremos esse diálogo com as explicações para que você entenda o porque de cada fase.

Quero ressaltar que a técnica não é para fazer a pessoa dizer sim sem pensar, mas apenas para fazer o proprietário te ouvir, e você mostrar que você está ali para servir e não para tomar o dinheiro dele.

CAPÍTULO 8

Construindo desconforto

CONSTRUINDO DESCONFORTO

A conquista do proprietário de imóveis é uma venda reversa. Você começa mostrando problemas que a pessoa ainda não teve, e seu objetivo é criar um desconforto para que ela queira buscar uma solução que você consegue resolver.

O patrimônio de uma pessoa é um resumo de tudo o que ela construiu financeiramente. E ela não vai querer se arriscar tanto, simplesmente para não ter que pagar a comissão de uma imobiliária.

Busque pelos pontos de fragilidade que um proprietário tem ao negociar seu imóvel sozinho e mostre para ele. O papel de um corretor não é conseguir algo que as pessoas não querem através de manipulação.

Um corretor de imóveis de verdade, mostra as fragilidades que estão inconscientes ao proprietário, e se coloca a disposição para ajudá-lo a resolver esse problema.

Vamos voltar ao diálogo com o proprietário.

O MOTIVO DA LIGAÇÃO E O QUE VOCÊ GANHA

Antes que o cliente processe toda informação anterior, você continua...

- **Na empresa onde eu trabalho, nós recebemos muitos proprietários que alugaram imóveis direto assim como você, e tiveram prejuízos enormes por não resolver essa e outras questões no momento da locação.**

Se esse proprietário está conversando com você até agora, ele já entendeu que você pode ajudar.

Ilustre o que você disse contando uma história de um proprietário que teve prejuízo que você conhece.

Exemplo: *Tenho um amigo pessoal, que mesmo eu dizendo pra ele sobre os riscos, anunciou seu imóvel sozinho em plataformas, e logo teve um interessado em visitar.*

- *A primeira pessoa que visitou, já alugou o imóvel. Com isso, ele teve certeza de que não precisava pagar para ninguém alugar seu imóvel.*

- *Mas logo no primeiro mês o inquilino não pagou o aluguel.*

- *Resumindo. Ele demorou 6 meses pra tirar esse inquilino do imóvel e ainda teve que gastar mais de R$9.000,00 pra arrumar o imóvel, porque o inquilino destruiu a casa do meu amigo.*

- *Sem contar o desgaste emocional. E sabe quanto era esse aluguel? R$1.500,00/mês.*

- *Ou seja, ele pagou pra uma pessoa morar no imóvel dele o equivalente a um ano.*

- *Não sairia muito mais barato ele ter um corretor de imóveis cuidando do imóvel dele?*

A resposta provavelmente será um "SIM"..

Só agora o proprietário estará aberto para uma oferta de ajuda. Vamos ver isso no próximo capítulo.

Essa técnica se chama PHC, (Pergunta, História e Conteúdo) e é muito utilizada por palestrantes para chamar a atenção das pessoas, reter a atenção e colocar seu conteúdo para melhorar a assimilação.

Você começa fazendo uma pergunta, para chamar a atenção e abrir a cabeça da pessoa que começa a pensar em respostas.

Depois você conta uma história que faz ela começar a imaginar o problema, e sentir a dor que seria ter que resolver, com isso ela começa a se interessar pelo que você diz.

Depois você coloca o conteúdo propriamente dito, que no seu caso, é o que você tinha interesse em dizer, desde o começo.

Que é uma verdade. Não seria melhor você ter um profissional para te ajudar, do que correr esse risco e ainda ter desgaste emocional?

PS: Sempre diga a verdade e não utilize técnicas para manipular as pessoas. Use apenas para conseguir mostrar como você pode servir essa pessoa. Esse é seu real papel como um guardião dos lares.

CAPÍTULO 9

Ofertando ajuda

OFERTANDO AJUDA.

Agora que você já quebrou o bloqueio do proprietário, mostrou os problemas que ele pode ter ao anunciar sem um corretor de imóveis, e ele concordou que sai mais barato ter um corretor para ajudá-lo do que correr risco, você pode ofertar seu serviço.

Continue a conversa assim:

- *Fulano, eu posso te ajudar com isso, tenho experiencia e pode ter certeza que vou trabalhar para blindar o seu patrimônio.*

- *Mas antes, se você me permitir, gostaria de agendar uma visita ao seu imóvel, primeiro para o Sr me conhecer, e segundo para eu conhecer seu imóvel, pode ser?*

Nessa hora, o proprietário só tem 2 opções:

1- Ele aceita.

2- Ele usa objeção

OBS: Objeção é a dúvida em uma das 3 certezas que o cliente precisa ter para fazer negócios com você.

TRABALHE A CONFIANÇA DELE EM 3 NÍVEIS

Para que o cliente faça negócio com você, é importante que ele goste:

1º De você

2º Do seu produto ou serviço

3º Da empresa que você representa

SENDO ASSERTIVO

Se o proprietário aceitar, você continua:

- *Ótimo! Podemos agendar para amanha ou prefere outro dia? Pode ser pela manhã as 10:00hs, ou tenho um horário livre as 16:00hs. Qual o Sr prefere?*

Lembre-se de se manter no controle da conversa. Se o cliente não aceitar, você busca entender em qual dos 3 níveis ele tem objeção:

- **O que o Sr tem a perder (nome)? Ficou alguma dúvida? Porque essa visita é apenas para nos conhecermos, sem compromisso.**

E deixa o cliente falar. A objeção vai surgir aí

QUEBRANDO OBJEÇÕES

Quando a objeção surgir, seu papel é identificar em qual das 3 áreas ele precisa adquirir mais certeza.

1º Em você - 2º No seu serviço - 3º Na Empresa

Seu papel não é transformar não em sim.

Você transforma vou pensar em sim, vou falar com minha esposa em sim, mas não um NÃO direto. Porque?

Pelo simples motivo que nem todos querem o que você oferece. Mas pode ter certeza que com uma metodologia, você converterá múltiplas vezes mais do que se ficasse tentando a sorte sem um processo validado e consolidado que pode melhorar a vida desse proprietário.

A melhor forma de quebrar objeções é fazendo perguntas.

Exemplo: vamos supor que ele respondeu que não quer porque as imobiliárias sempre falam a mesma coisa para poder anunciar o imóvel dele, mas nunca mais entram em contato depois de anunciar.

Neste caso a objeção dele é com a empresa, e mostra que a dor dele é muito comum entre os proprietários.

Pelo fato do corretor de imóveis fazer tantas atividades sozinho, como vimos anteriormente. Se ele não tem cliente para esse imóvel, o corretor não fica falando com esse proprietário.

Essa falta de gerenciamento das expectativas do proprietário fazem com que ele perca a confiança e diminua a percepção de valor no trabalho do corretor de imóveis.

Mas essa dor mostra outra sutileza. O fato dos corretores não falarem mais com ele, é reflexo de falta de interesse por parte de quem busca imóvel.

Isso mostra que o imóvel dele por estar fora de preço, e os captadores não tiveram o trabalho de dizer isso a ele.

Viu como perguntas trazem informações importantes?

Depois de ouvir atentamente, você mostra como a empresa que você representa trabalha, expondo tudo isso que você identificou.

Quando você conseguir agendar a visita ao imóvel, tenha em mente que o objetivo da visita é aumentar o nível de confiança em você, no serviço e na empresa. É uma oportunidade de se apresentar e mostrar que o proprietário pode confiar em você.

Se apresente com profissionalismo, mostre um pouco da sua experiência e se interesse pelo imóvel.

Faça perguntas sobre a documentação e sobre o motivo que o levou a querer negociar o imóvel.

Faça isso com confiança. Você está ali para ajudar ele a ter sucesso nesse objetivo.

Primeiramente lembre-se que você é especialista.

Portanto, tem muito mais chances de negociar o imóvel dele do que ele próprio.

E segundo, você faz parte de um time de profissionais que irão zelar pelo patrimônio do cliente e cuidar para que ele tenha a melhor rentabilidade e segurança.

Ao se apresentar, não se diminua

Não se deixe intimidar pela postura do cliente. Haja como um especialista que trouxe a solução para a dor dele.

Quando falar com o cliente:

- Seja confiante

- Haja como especialista

- Seja profissional

A autoconfiança te posiciona como autoridade para o cliente.

85

CAPÍTULO 10

Visitar o imóvel

VISITAR O IMÓVEL

Na hora da visita, siga o roteiro. Apresente-se e conheça o imóvel. Depois apresente a empresa, as pessoas do seu time que trabalharão para o sucesso dele, e faça a oferta para ajudar a negociar o imóvel do cliente.

Explique os planos de trabalho e deixe o cliente a vontade para escolher.

Um parênteses aqui. Olha a importância de um time para mostrar força ao proprietário.

Na minha empresa, nós temos um gestor de produtos, que depois que o captador faz a autorização, o gestor de produtos prepara o imóvel dele, agenda fotos, e faz os anúncios, além de gerir a expectativa desse proprietário até negociarmos o imóvel dele, dando Feedback, e sugerindo ajustes quando necessário.

Temos um setor de pré vendas, para atender todos os leads o mais rápido possível. e assim por diante.

Mostre a força do trabalho em conjunto para que a venda do imóvel dele, que é o que interessa para ele vai acontecer com tranquilidade e segurança.

Conte uma história de algum proprietário que já teve problema por fazer a negociação sozinho, e como você ajuda para que isso não aconteça.

Você está naquela visita, mais para fazer os níveis de confiança em você, no seu serviço e na empresa subir.

E ter um roteiro desenhado, faz com que você se mantenha no controle o tempo todo, gerando mais autoridade perante esse proprietário.

Mostre interesse pelo imóvel dele, visite cada canto do imóvel e faça perguntas.

Demonstre que você viu os detalhes de uma infiltração, e pergunte quando ela surgiu. Deixe ele se explicar.

Quem se explica não está em posição de autoridade. E é aí que muito corretor se perde. Ele não faz perguntas e dá espaço para que o proprietário questione o seu trabalho, e quem passa a ter que se explicar é o corretor de imóveis.

Se o cliente solicitar avaliação, marque um contato posterior ao da visita para passar o valor de avaliação.

Por mais que você tenha uma idéia de valor, ao passar na hora para o cliente, você não passa toda credibilidade, além de não ter estruturado um laudo que comprove visualmente o que você disse.

Se ele soubesse avaliar, ele não te contrataria. Então valorize seu passe.

É importante o cliente entender que a avaliação é complexa e importante, e que será feita por um corretor de imóveis credenciado e experiente.

Neste caso, após a avaliação solicite enviar a autorização para assinatura e mostre como você vai ajudar o proprietário a obter êxito na negociação do imóvel dele.

O momento da avaliação é muito importante. Essa é a primeira vez que o proprietário quer te ouvir

CAPÍTULO 11
Assinar a autorização

ASSINAR A AUTORIZAÇÃO

Após dizer que vai enviar a autorização para o cliente assinar, explique os próximos passos.

 É extremamente importante explicar ao cliente todo o processo de aquisição de produto e porque solicitamos os documentos, pois por ser algo muito pessoal, só passamos informações importantes para as pessoas que confiamos.

FINALIZANDO A PARTICIPAÇÃO

Faça a autorização junto com o cliente e explique qual será o próximo passo.

Passe a segurança de que agora existe um ecossistema trabalhando para ele, e apresente o gestor de produtos para que ele tenha familiaridade com o gestor quando este entrar em contato.

Diga que o gestor de produtos entrará em contato para agendar fotos profissionais, e fazer a verificação e validação documental.

Mas Bruno, eu não tenho um gestor de produtos.

Faça igual o empresário individual quando começa um negócio. Assuma essa cadeira e faça esse papel.

Mas tão logo seja possível, contrate alguém para essa posição que é de fundamental importância para dar manutenção aos seus principais clientes que são os proprietários, e também para manter uma carteira limpa.

Porque um outro problema muito comum em imobiliárias é a atualização de anúncios.

Muitas imobiliárias perdem dinheiro porque continuam investindo em anúncios de imóveis que já foram vendidos ou alugados, simplesmente por não manter relacionamento com os proprietários.

E quando tem um cliente interessado, descobrem que o imóvel já foi negociado ha meses.

Não cometa esse erro.

CAPÍTULO 12

Considerações finais

CONSIDERAÇÕES FINAIS

Esse material que você acabou de ler, é fruto de experiências e vivências de mais de 20 anos de mercado imobiliário.

Muitos erros e acertos e milhares de reais em prejuízos, mas também muito lucro até chegarmos em uma metodologia validada, que funciona, e principalmente que traz múltiplas vezes mais resultado do que trabalhar sem um plano para seguir.

Desejo do fundo do coração que você lucre muito mais após essa leitura e que sua carreira como corretor de imóveis decole para outro nível.

Mas lembre-se, acima de ganhar dinheiro, esse material é um guia para corretores do Reino, que decidiram cuidar do patrimônio das pessoas aqui na terra através da intermediação imobiliária.

Um forte abraço do seu amigo Bruno Gomes.

BÔNUS

Treinamento fechado que deu origem a este livro.

https://youtu.be/jEGVYeQWuWA
?si=16n3kS6Nfunp3wOD

Esse livro sem dúvida será um marco para todo corretor de imóveis que deseja se aprofundar na arte de captar imóveis.

Pois este é o gargalo da maioria dos profissionais e empresas do setor no Brasil.

Não existe imobiliária sem imóvel para vender, e os corretores não tem o que vender se não souberem captar imóveis.

Se essa é a sua dificuldade, esse livro com certeza será a solução.

ONDE ME ENCONTRAR

Instagram: @brunocasape

E-mail: brunogomes@atriumimob.com.br

Assessoria: (69) 99212-2161

www.ingramcontent.com/pod-product-compliance
Lightning Source LLC
Chambersburg PA
CBHW071942210526
45479CB00002B/782